Le bain de Berk

ISBN 978-2-211-23525-9
Première édition dans la collection *les lutins* : mars 2018

Loi numéro 49 956 du 16 juillet 1949 sur les publications
destinées à la jeunesse : septembre 2016
Dépôt légal : juillet 2018
Imprimé en France par Clerc SAS à Saint-Amand-Montrond

Julien Béziat

Le bain de Berk

Pastel
les lutins de l'école des loisirs
11, rue de Sèvres, Paris 6e

L'autre jour, un truc terrible
est arrivé dans mon bain.

C'est Berk, mon doudou,
qui me l'a raconté.

J'ai posé Berk sur le bord de la baignoire,
puis je suis allé jouer dans ma chambre,
le temps que l'eau finisse de couler.

Le problème, c'est qu'il a glissé et…

PLOUF !

Berk était assez content,
il n'a pas l'habitude de se baigner.
Il a voulu faire *coucou* à mes jouets de bain
mais, avec l'eau, il a dit « glouglou ».

« Berk se noie ! »
a crié Trouillette, ma tortue.

Le seul qui sait bien nager, c'est Drago.
Mais quand il a voulu sauver Berk,
il a trouvé l'eau trop chaude.

Berk s'est alors mis à appeler :
« Attenglion, gléglègligligliglangleuglin ! »

«Qu’est-ce qu’il dit?» a demandé Poulp.
«Il est en train de cuire!» s’est lamentée Trouillette.
«Tiens bon! a dit Aspiro, l’éléphant.
Je vais mettre du froid.»

En tirant sur le robinet,
Aspiro a fait tomber le shampoing et
ça a commencé à mousser, mousser !

Aspiro a arrêté l'eau.

On ne voyait plus Berk.

« Il a été étouffé par la mousse… »
a soufflé Trouillette.

Mais Berk a répondu à travers la mousse :
« Cha va, cha va ! Mais attenchion,
chéchèchichichancheuchin ! »

« Qu'est-ce qu'il dit ? » a demandé Poulp.

« Il… il s'étrangle avec la chaîne ! »
a gémi Trouillette.

«On arrive !» ont lancé Drago et Poulp.

«Blou blou!» a dit Berk en voyant apparaître Poulp et Drago, avant d'ajouter:
«Attenblion, bléblèblibliblanbleublin!»

«Hein?» a fait Poulp.

«On ne comprend rien, a dit Drago.
Poulp, tire sur la chaîne pour le remonter!»

POP !

L'eau s'est alors mise à tourner, tourner,
en faisant SLUUURPPP !

Sur le bord, Trouillette a hurlé :
« C’est la fin ! La baignoire les avale ! »

Aspiro a alors pris son élan et PLOP !
il a bouché la baignoire avec son derrière.

Ensuite, il s'est mis à aspirer l'eau du bain
de toutes ses forces, jusqu'à gonfler
comme un ballon.

Dans la baignoire, il n'y avait presque plus d'eau
et Berk était sain et sauf.
«Tu nous as fait peur!» lui a dit Drago.

«Merci, mais il ne fallait pas vous inquiéter,
a répondu Berk. Je me suis bien amusé
et je voulais juste vous dire: attention…

j'ai fait pipi dans le bain. »

Berk !

«Berk berk berk…»